NATIONALITÉ

Inesse sanctum aliquid, providumque.

Tacite...

PARIS

IMPRIMERIE D'E. DUVERGER

RUE DE VERNEUIL, N° 6

—

1853

Le gouvernement de l'Empereur Napoléon III est national ; il puise dans la sympathie des masses populaires un appui et
des espérances de durée que n'ont pas eus
ceux qui l'ont précédé. Pendant quarante
ans, les princes qui ont régné sur la France,
plus ou moins assurés du concours des
classes supérieures de la société, n'ont pu
compter sur le dévouement du peuple. Il
peut être utile de dire, en quelques mots,
les conséquences probables d'une situation
aussi nouvelle ; de montrer la force irré-
sistible et les garanties d'existence que
le pouvoir tire d'une origine nationale ;
de faire voir pourquoi, depuis le commen-
cement du siècle, le peuple et la bourgeoisie, animés jusque-là d'un même esprit, se sont pour la première fois sé-

parés ; d'indiquer comment l'un, fidèle à son origine, procédant avec lenteur, mais avec sûreté, n'a jamais dévié de son principe ; comment l'autre, reniant sa naissance, changeante dans ses goûts, mobile dans ses résolutions, se passionnant à peu de jours d'intervalle pour les théories les plus opposées, n'a jamais réussi à savoir ce qu'elle voulait et à défendre énergiquement l'objet de ses vœux : et de conclure enfin que cette funeste désunion du peuple et de la bourgeoisie, aggravée par la Restauration, un moment adoucie par la transaction de 1830, et rendue plus amère par la république, tend chaque jour à disparaître, et disparaîtra certainement à une époque prochaine, grâce à l'avénement de l'Empire qui a replacé le gouvernement de la France sur sa base nationale.

I

C'est un sentiment bien profond et bien fort que celui de la nationalité; le pouvoir qui le violente est destiné à une mort prochaine, et celui qu'il ne soutient plus est à la merci de tous les hasards malheureux; il dirige souverainement la marche d'un peuple et consacre la légitimité des princes qui ont su le deviner, l'aimer, et en sont devenus l'expression. Quatre dynasties se sont succédé en

France : leurs chefs, Clovis, Charlemagne, Hugues Capet et Napoléon, après s'être emparés du trône, ont prétendu, pour eux et pour leurs descendants, au titre de pouvoir légitime, et la postérité a ratifié leurs prétentions ; car chacun d'eux, à son heure et à son tour, avait eu le bonheur de servir la cause nationale. Clovis, le plus habile et le plus heureux de ces Francs barbares qui, poussés des bords du Danube par une cause encore inconnue, se ruaient sur la Gaule romaine, personnifia l'invasion, et devint le chef naturel de ce peuple dont la fortune était attachée au sort de l'invasion elle-même.

Sans tenir compte de la honteuse nullité des descendants de Clovis, tout le monde sait aujourd'hui que la chute de sa dynastie eut pour raison souveraine la victoire définitive du peuple franc sur le peuple romain, du Gallo-Franc sur le Gallo-Romain, de l'Austrasie sur la Neustrie ; c'était comme une dernière invasion des Germains, qui prenaient pour toujours possession de l'ancienne Gaule et de ses peuples divers.. Tout ce qui restait de Romains ou de Gaulois fut assimilé ou définitivement soumis, le siége du pouvoir fut transféré en Belgique, sur les bords du Rhin, et ces assemblées de nobles francs, ce rouage oublié du gouvernement barbare, reparurent de nouveau. Aussi, quand Pepin le Bref et Charlemagne firent légitimer leur usurpation par le pape, ils ne firent que devancer le vœu de la nation, car ils s'étaient mis à la tête du mouvement qui l'entraînait.

Pendant trois cents ans l'Allemagne avait débordé sur la Gaule; pendant trois cents ans les barbares se répandirent sur toutes les portions du pays conquis; mais quand les premiers arrivés se furent enfin assis sur le sol, ils se retournèrent violemment contre les restes de ces peuplades errantes, et leur fermèrent pour toujours les passages du Rhin. Alors un nouveau travail commença. Désormais installés sur un territoire soumis, n'étant plus réunis par la nécessité de combattre, les chefs des Francs, de soldats cantonnés qu'ils étaient, devinrent possesseurs héréditaires de la terre : la féodalité s'établissait sur le sol. Les descendants de Charlemagne, pleins des souvenirs et des traditions du grand empire franc, n'étaient plus qu'un anachronisme au milieu de cette vaste confédération de petits souverains ; aussi, naturellement, sans secousse violente, un représentant plus vrai de cet état social s'empara-t-il du pouvoir ; il n'y avait plus en France que de grands seigneurs gouvernant sans contrôle dans l'intérieur de leurs domaines : Hugues Capet, l'un d'eux, ceignit la couronne. Il y a en effet dans la formation des corps physiques, comme dans la formation des corps sociaux, une tendance secrète à l'assimilation, une aspiration constante vers l'harmonie, qui font que le haut et le bas, la tête et le corps, sont forcément de même nature.

Mais les peuples ne s'arrêtent pas dans leur marche ; qu'ils tendent à croître ou à décroître, à se fortifier ou à mourir, il n'est pas de repos pour eux. Dans les premiers temps, le chef de la hiérarchie féodale ne fut roi que de nom ; cependant une grande mission était réservée à ses sucesseurs ; sur ce sol gaulois, conquis par les Francs, de ces races diverses et confondues, une nation nouvelle allait naître. La royauté fit appel à tous les éléments de civilisation qui vivaient encore, épars et appauvris, dans les monastères et les villes ; les traditions impériales reparurent ; le clergé, qui leur avait toujours prêté l'appui de sa forte organisation, les cités consulaires du midi, les communes jurées du nord, chacun se mit à l'œuvre ; tout y concourut, la guerre et la paix, les croisés, les commerçants, les moines et les jurisconsultes ; peu à peu le régime féodal déclinait ; après Louis XI vinrent Richelieu et Louis XIV ; enfin, l'édifice tout entier s'écroula vers la fin du siècle dernier. L'égalité civile naissait ; et tous ces descendants de Gaulois, de Romains et de barbares allaient se trouver citoyens égaux d'un même pays. Napoléon comprit cette révolution, se passionna pour elle, lui donna des lois sages et justes, et la fit respecter sur les champs de bataille. Voilà pourquoi il est national, et pourquoi la postérité dira de sa dynastie qu'elle était légitime.

II

La France entière pensait ainsi au com-
mencement du siècle ; le gouvernement
de l'Empereur était national, et sa dynastie était légitime. A quel moment arriva la désunion, et quelles en furent les
causes ?

La révolution sociale de 1789 compta
parmi ses défenseurs l'immense majorité
des Français. Le mouvement était des-
cendu des classes riches et éclairées aux

classes ignorantes et pauvres; les premières avaient prêché l'égalité de tous les
citoyens devant la loi, et les secondes
avaient vu se réaliser à leur profit cet
immense bienfait. Cette conquête morale
n'était pas la seule, d'ailleurs, qu'elles
eussent à bénir et à défendre; les biens
de leurs adversaires, vaincus dans la lutte,
étaient tombés des mains de l'État dans
les leurs; ils étaient donc attachés à la
cause révolutionnaire par les liens les plus
forts qui puissent enchaîner un homme :
l'élévation de sa condition morale et la propriété. Aussi, quand au milieu des désordres et des violences que toute révolution
enfante, un homme apparut, qui dit à ce
monde nouveau : «J'entends maintenir les
conquêtes de l'esprit humain; tout Français sera libre et égal devant la loi; j'entends tenir pour légitimes, et faire respecter par tous, les domaines nationalement
acquis,» le pays tout entier jura de défendre ce puissant protecteur de ses plus
chers intérêts. Bourgeois et paysans, tous

étaient d'accord en ces jours d'enthousiasme. La Providence veillait sur nos destinées; l'ordre régnait à l'intérieur; les autels étaient relevés, ses ministres étaient respectés et tolérants; les esprits, heureux d'échapper aux horribles souvenirs de 1793, s'enivraient du bruit de notre gloire et de la grandeur de nos succès. Mais les malheurs arrivèrent, et, s'ils eurent pour effet, de rattacher le peuple plus étroitement à la cause impériale, il n'en fut pas de même de la bourgeoisie. Celle-ci, lasse des sacrifices continuels que la guerre faisait peser sur elle, cédant à un premier accès de découragement, s'éloignait du gouvernement de l'Empereur; la chambre des députés, réglant sa conduite sur la sienne, se montra peu soucieuse d'imiter, dans ces terribles circonstances, les assemblées antiques. Loin de voiler un moment la statue de la liberté, et de confier la dictature au plus digne, elle ne trouva rien de plus opportun que d'adresser des remontrances au chef de l'État sur la forme de son gouvernement.

Ne méritait-elle pas cette réponse que l'histoire connaît :

«Députés du Corps législatif, vous pouviez faire beaucoup de bien, et vous avez fait beaucoup de mal. Votre rapporteur est un méchant homme; son rapport a été rédigé avec astuce, et avec des intentions dont vous ne vous doutez pas; deux batailles perdues en Champagne eussent fait moins de mal. Dans votre rapport, vous avez mis l'ironie la plus sanglante à côté des reproches. Vous dites que l'adversité m'a donné des conseils salutaires. Comment pouvez-vous me reprocher mes malheurs? Je les ai supportés avec honneur, parce que j'ai reçu de la nature un caractère fort et fier, et, si je n'avais pas cette fierté dans l'âme, je ne serais pas élevé au premier trône du monde. . . . .

« Cependant j'avais besoin de consolations, et je les attendais de vous. Vous avez voulu me couvrir de boue, mais je suis un de ces hommes qu'on tue, mais qu'on ne déshonore pas!. . . . .

« Est-ce le moment de me faire des re-montrances, quand deux cents mille Cosaques franchissent nos frontières? Est-ce le moment de venir disputer sur les libertés et les sûretés individuelles, quand il s'agit de sauver la liberté politique et l'indépendance nationale? N'êtes-vous pas contents de la constitution : c'était il y a quatre mois qu'il fallait m'en demander une autre, ou attendre deux ans après la paix. . . . .

« Vous parlez d'abus, de vexations. Je sais cela comme vous, cela dépend des circonstances et des malheurs du temps. Pourquoi parler devant l'Europe de nos débats domestiques? il faut laver son linge sale en famille. Voulez-vous donc imiter l'assemblée constituante et recommencer une révolution? Mais je n'imiterai pas le roi qui existait alors ; j'abandonnerais le trône, et j'aimerais mieux faire partie du peuple souverain que d'être roi esclave. »

L'opposition de la bourgeoisie n'allait certes pas jusqu'à vouloir perdre l'Empereur et ramener les Bourbons; et cependant ceux-ci revinrent, et Napoléon partit pour l'île d'Elbe.

D'abord un peu étonnée, mais bientôt prise d'un sincère enthousiasme pour ce vieux roi qui foulait le sol natal après un si long exil, pour ce roi légitime et constitutionnel qui promettait de sages libertés, la classe moyenne allait voir ses convictions nouvelles mises à une difficile épreuve. Elle voulait, disait-elle, revenir aux principes de 1789; si elle avait laissé tomber Napoléon, c'était pour reconquérir la liberté. Il fallait donc montrer, en s'opposant avec énergie au retour de l'île d'Elbe, qu'on avait de véritables convictions, et non pas seulement de l'irritation ou de la rancune. Napoléon avait abdiqué; en venant renverser l'ordre légal établi, il donnait contre sa cause des armes dont un esprit convaincu n'eût pas manqué de faire usage.

Il y aurait eu certainement quelque courage à rassurer cette famille royale si prompte à la fuite, à organiser de sérieux moyens de défense contre cette invasion d'une si nouvelle nature. Mais on laissa partir les Bourbons, cette espérance d'un régime politique si chaudement acclamé, et on laissa revenir l'Empereur, ce tyran que l'on détestait. On voulut d'abord représenter comme une folle équipée cette marche triomphale et romanesque de l'illustre guerrier à travers des populations enthousiastes ; et comme il s'avançait toujours, on lui prodigua les injures : son glaive seul devait nous gouverner..... ses proclamations étaient celles d'un chef armé qui fait briller son sabre pour exciter l'avidité de ses satellites, et les lancer sur des citoyens comme sur une proie..... C'était Attila.... c'était Gengis-Kan.... Il s'emparait des ressources de la civilisation pour régulariser le massacre et pour administrer le pillage.....

Un peu plus d'énergie et un peu moins

de gros mots aurait peut-être mieux réussi au parti constitutionnel. Quelle allait être sa conduite? Il avait fait de l'opposition à l'Empereur, et, contre son attente, l'Empereur était tombé; pris d'un amour subit pour la Restauration, il n'avait pas même essayé de la défendre. Avait-il reconnu son erreur? A la vérité, il s'ignorait lui-même; facile à exalter, se refusant à voir les conséquences nécessaires de sa conduite, il était voué pendant de longues années encore à être surpris par les événements. L'Empire était revenu, il le subissait, pour l'embarrasser de nouveau, par une opposition tracassière, impolitique, coupable même quand elle s'adresse au chef qui lutte contre l'ennemi du pays.

Napoléon était aux prises avec Blücher et Wellington dans les plaines de Waterloo, lorsqu'un orateur propose à la Chambre de déclarer illégale et inconstitutionnnelle, aux termes de l'article 50 de la Constitution de l'an VIII, la marche de l'Empereur contre l'ennemi. Aussitôt que notre défaite est connue à Paris, la seule préoccupation de la Chambre, qui croit follement que l'Europe ne veut que le sacrifice de Napoléon, est de lui faire demander son abdication : elle l'exige sans délai, à la minute même. En vain un général demande qu'on ne mette pas tant de précipitation dans un acte aussi important ; la Chambre, consultée, décide qu'elle n'attendra pas une heure.

« On veut que j'abdique, répondait l'Empereur. Mais il ne s'agit plus de moi à présent, il s'agit de la France. A-t-on calculé les suites inévitables de cette abdication ? C'est autour de moi, autour de mon nom, que se groupe l'armée ; m'enlever à elle, c'est la dissoudre ; si j'abdique aujourd'hui, vous n'aurez plus d'armée dans huit jours. Ce n'est pas quand l'ennemi est à quelques lieues qu'on change un gouvernement avec impunité. Pense-t-on que des phrases donnent le change à l'étranger ? Si l'on m'eût renversé il y a quinze jours, c'eût été du courage; mais je fais partie maintenant de ce que l'Europe attaque, je fais donc partie de ce que la France doit défendre. En me livrant, elle se livre elle-même, elle avoue sa faiblesse, elle encourage l'audace du vainqueur; c'est la peur; une peur dont vos ennemis profiteront.....»

Il abdique enfin, et répond tristement aux félicitations de la Chambre :

« Je vous remercie des sentiments que vous m'exprimez. Je désire que mon abdication puisse faire le bonheur de la France, mais je ne l'espère point; elle laisse l'État sans chef, sans direction politique. Le temps perdu à me renverser eut pu être employé à mettre la France en état de se défendre. Je demande à la Chambre de renforcer promptement les armées; qui veut la paix doit se préparer à la guerre; ne mettez pas cette grande nation à la merci des étrangers; craignez d'être déçus de vos espérances; c'est là qu'est le danger; dans quelque position que je me trouve, je serai toujours bien si la France est heureuse.

Je recommande mon fils à la France; j'espère qu'elle n'oubliera pas que je n'ai abdiqué que pour lui. Je l'ai fait aussi, ce grand sacrifice, pour le bien de la nation; ce n'est qu'avec ma dynastie qu'elle peut espérer d'être libre, heureuse et indépendante. »

Les députés, après avoir sacrifié Napoléon au ressentiment de l'Europe, croient un instant à l'élévation de Napoléon II, et acclament le nouvel Empereur. Le brutal langage de Blücher les tire bientôt de leur illusion. Alors ils jurent de ne pas se laisser imposer un chef par l'étranger, et de défendre jusqu'à la mort le sol national; et en même temps, triste effet de l'imprévoyance et de la légèreté! ils laissent signer cette capitulation à jamais déplorable, où cent six mille hommes pourvus de cinq cent cinquante pièces de canon et une population de sept cents mille âmes se rendirent sans condition à une armée de cinquante cinq mille hommes, harassés, manquant de tout, et imprudemment aventurés sur un territoire ennemi; et en même temps ils laissent renverser le gouvernement provisoire par les Autrichiens, qui envahissent les Tuileries pour y installer bientôt après le roi Louis XVIII.

La bourgeoisie voulait la paix. Elle l'eut, mais au prix de quels sacrifices!

La perte de nos frontières naturelles devenait définitive; c'étaient tous nos départements de la Belgique et de la rive gauche du Rhin : cinquante-trois places fortes. Treize mille bouches à feu, trente vaisseaux de haut bord et des magasins renfermant pour un milliard de valeurs; quatre cents millions pour l'occupation pendant cinq mois des douze cent milles alliés; sept cents millions de contributions de guerre; trois cents millions d'indemnité; quatre cents millions, pour la solde et l'entretien, pendant trois ans, de cent cinquante mille hommes dans dix-huit de nos places fortes. Il faut ajouter à cela l'occupation du territoire, traité avec toute la rigueur des pays conquis.

« Les ravages sont à leur comble (disait Fouché dans un rapport au roi); on ruine, on dévaste, on détruit, comme s'il n'y avait pour nous ni paix, ni composition à espérer. Les habitants prennent la fuite devant des soldats indisciplinés; les forêts se remplissent de malheureux qui vont y chercher un dernier asile; les moissons vont périr dans les champs; bientôt le désespoir n'entendra plus la voix d'aucune autorité; et cette guerre, entreprise pour le triomphe de la modération et de la justice, égalera la barbarie de ces déplorables et trop célèbres invasions dont l'histoire ne rappelle le souvenir qu'avec horreur. »

Notre gloire, notre indépendance, nos richesses étaient perdues; voilà ce que nous coûtait cette paix. Quelle guerre, grand Dieu! eût pu coûter autant?

Quant au peuple des campagnes, il sut conserver, en ces jours de deuil et de malheur, une attitude plus digne. Guidé par l'instinct puissant de la nationalité, il discerna sans peine la seule conduite, la seule politique, qui convienne à un citoyen dont le sol est souillé par la présence de l'ennemi. Après avoir lutté avec énergie jusqu'à la dernière heure, il resta calme et froid. Désormais rejeté hors de la scène politique, où il n'apparaît que de siècle en siècle, pour décider les grandes crises sociales, l'homme des champs retourna à sa charrue : acceptant, sans les avoir demandées, les douceurs de la paix et du régime libéral, mais gardant au fond de l'âme une haine sourde contre l'étranger qui avait ravagé ses champs ; un sentiment de tristesse et d'amertume contre cette bourgeoisie qui l'avait abandonné devant l'ennemi commun, et un souvenir religieux de l'homme de génie qui avait su préserver ses plus chers intérêts, et dont il avait partagé la gloire, les périls et les malheurs jusqu'à ce que la Providence les eût violemment séparés.

III

La rupture était complète entre le peuple et la bourgeoisie. Celle-ci, privée d'un appui indispensable, allait pendant quarante ans courir seule les hasards des gouvernements exclusivement libéraux. Les royalistes constitutionnels étaient enfin à la tête de ce régime, où la liberté et l'égalité devaient se donner fraternellement la main. S'ils ne s'étaient pas trompés, tous leurs efforts, toute leur énergie, toute leur habileté devaient être employés à préserver ce gouvernement des attaques dont il allait être l'objet. Mais ils s'étaient trompés; et ces enthousiastes de la veille se transformèrent, quelques années plus tard, en adversaires intraitables et passionnés. Prenant désormais une attitude offensive, ils cherchèrent à donner pour base à leurs efforts hostiles ce sentiment de nationalité blessée qui grondait sourdement dans le cœur des masses populaires; mais ce secours, qui était si précieux à leur nouvelle politique, ne pouvait s'obtenir qu'à des conditions fort embarrassantes. Une contradiction inévitable apparaissait en effet au début de toute tentative contre le gouvernement : les uns se levaient pour la liberté, qu'ils croyaient menacée, tandis qu'on ne trouvait de sympathie chez les autres qu'en évoquant les souvenirs impériaux, bien plus dangereux pour la cause libérale que la restauration elle-même. Quand on par-

court l'histoire de cette époque, on décou-
vre à chaque pas des traces de cette bizar-
rerie.

En 1816, un premier mouvement éclate
à Grenoble; il a pour but secret l'élévation
du duc d'Orléans. Mais il faut remuer les
paysans. On leur distribue une première
proclamation, où l'on parle vaguement
d'indépendance nationale. Ils restent froids,
et demandent qu'on s'explique plus caté-
goriquement. Le manifeste est changé, et
malgré le but qu'on se proposait, il se ter-
mine ainsi : « L'indépendance nationale
donne naturellement un chef au peuple français : c'est le fils de celui dont le trône hérédi-
taire; consacré par la religion, fut reconnu
par l'Europe entière; l'héritier légitime, au
profit de qui l'abdication de son père fut
sanctionnée par une loi solennelle. Nous
sommes ses lieutenants, et nous vous di-
sons : Vive Napoléon II, Empereur des
français!» Ce nouveau langage fut couvert
d'applaudissements, et les paysans furent
exacts au rendez-vous.

En cette même année 1816, trois ouvriers parisiens, dont les noms inconnus n'auraient pas été conservés par l'histoire, si le supplice qu'ils encoururent n'avaient attiré l'attention sur eux, avaient imaginé la plus singulière et la moins dangereuse des conspirations. Au souvenir de ces cartes triangulaires, unique matériel du complot, que l'on distribuait aux frères et amis, et sur lesquelles étaient gravés ces trois seuls mots : *Union, honneur, patrie*, on se défendrait mal d'un sourire de compassion, s'il n'y avait quelque chose de naïf et de touchant dans le fait de ces hommes obscurs, si confiants dans la bonté de leur cause, qu'il leur semble que de se reconnaître et de se compter suffira pour la faire triompher. *Union, honneur, patrie*, c'était là tout; pas un mot de liberté. La cause libérale n'avait encore que des chefs; ils appartenaient tous à la bourgeoisie.

L'année suivante, de grandes agitations se manifestèrent à Lyon et dans les communes environnantes. Les partis se sont réciproquement accusés d'avoir fomenté ces désordres; mais de quelque côté qu'ils vinssent, ce qu'il importe de remarquer, c'est la nature des promesses, la couleur des fables que les chefs ne manquent pas de faire à la foule en de semblables occasions : « Napoléon, échappé de l'île Sainte-Hélène, avait débarqué; des engagements étaient promis par Marie-Louise; l'empereur d'Autriche, les rois de Saxe et de Bavière devaient prêter leur concours. » Au jour fixé, un grand nombre de paysans accoururent; ils ne proférèrent qu'un seul cri : *Vive Napoléon II!*

Tout le monde connaît la conspiration de Belfort. Des indiscrétions donnèrent l'éveil à l'autorité, les plus compromis purent se sauver; quelques-uns cependant furent arrêtés. On était si bien persuadé alors qu'il n'y avait qu'un seul moyen de donner une apparence de réalité à un mouvement populaire, que, pour se mieux assurer des complices, on ordonna à quelques centaines de cavaliers de feindre une révolte et de battre la campagne aux cris de vive Napoléon II!

Toutes ces tentatives contre la Restauration échouèrent d'abord misérablement. Mais, quand un pouvoir est hostile à la majorité de la nation, il ne saurait vivre longtemps; la moindre faute, une chance favorable de ses adversaires, peuvent lui porter un coup funeste. C'est ce qui arriva en 1830. Les Bourbons tombèrent, et, pour ne pas avouer qu'on s'était trompé en délaissant le régime impérial, on a dit de toutes parts qu'ils ne devaient imputer leur chute qu'à leurs propres fautes. Mais avant de leur faire cet amer reproche, s'est-on bien rendu compte de leur situation, si bien dépeinte par un historien moderne?

« Dès les premières heures de son installation, le roi Louis XVIII se trouva aux prises avec des difficultés dont il ne soupçonnait ni la cause, ni les périls. Au dehors de son palais était une France jeune et des générations nouvelles, au dedans une cour vieillie et des conseillers qui s'éveillaient après un sommeil d'un quart de siècle. L'antagonisme était partout. Par le seul fait du rétablissement des Bourbons, il existait deux sortes de noblesse et d'illustration, deux sortes de magistrature et de clergé, deux sortes de propriétés et de services. On put voir réunis dans les salons des Tuileries les chefs des insurgés de Lyon, du midi, de la Bretagne, de la Vendée, et les généraux qui les avaient vaincus; les condamnés royalistes de toutes les dates et leurs juges; les hommes qui avaient livré Toulon aux Anglais et aux Espagnols, et ceux qui les en avaient chassés; les chefs devenus pauvres de l'ancienne aristocratie territoriale, et les possesseurs de leurs châteaux et de leurs domaines; les titulaires dépossédés de nos principaux siéges épiscopaux et leurs successeurs; les premiers, la tête haute et la parole altière; les seconds, l'attitude confuse et la voix embarrassée. »

Dans une pareille situation, que voulait-on qu'ils fissent? Imagine-t-on une politique qui eût pu consolider le pouvoir entre leurs mains? Ils sont tombés sous les efforts des libéraux : peut-on leur reprocher, toutefois, d'avoir été trop despotiques, eux qui succédaient à l'Empire, eux qui les premiers avaient donné à la France un régime constitutionnel complet? le bénéfice du changement devait leur profiter, et, à admettre même qu'après une longue pratique, les esprits ardents eussent réclamé des libertés plus étendues, ce n'est pas au lendemain de l'établissement de ce régime que leur opposition devait se placer. Mais que l'on suppose un instant que la Restauration eût fait quelques pas de plus dans la carrière libérale : y eût-elle gagné quelque chose? Tout le monde est persuadé qu'elle aurait perdu ses soutiens naturels, sans ramener aucun de ses ennemis, devenus plus forts et plus exigeants par les concessions mêmes qu'on leur aurait faites. N'est-il pas permis de croire d'ailleurs, aujourd'hui que l'expérience nous a tous éclairés, que ce n'est pas de ce côté que devaient se diriger les efforts du roi? Que d'avantages n'avait pas le gouvernement de Juillet sur celui de la Restautation! Il céda sans cesse aux exigences de ses véritables fondateurs, les libéraux, et ils n'essayèrent même pas de le défendre au jour du danger.

Ce n'était donc pas la liberté qui souffrait sous les Bourbons; c'était l'indépendance nationale. Devaient-ils, alors, se jeter franchement dans les bras du peuple, donner satisfaction à cet instinct populaire qui entraînait la nation? Devaient-ils accepter les offres du César du Nord, qui, pour prix d'une neutralité dans les mers de Constantinople, avait promis, dit-on, de ne se mêler en rien de ce qui arriverait sur le Rhin, au cas où la Restauration eût voulu satisfaire d'une manière éclatante ce sentiment national, souffrant, humilié et vaincu? A vrai dire, les Bourbons ne pouvaient exister qu'à cette condition-là, et elle était pour eux impossible à remplir. N'était-ce pas la guerre à l'Europe; à l'Europe qui avait dépensé ses millions et versé le sang de ses meilleurs soldats, pendant vingt ans, afin de refouler les tendances, menaçantes pour elle, de la révolution de 1789; à l'Europe qui, sûre de venir facilement à bout d'un prince qui rencontrait dans son pays de si grandes difficultés, n'eût pas désarmé, et eût tenté un dernier et victorieux effort pour se rendre maîtresse de ce pays incorrigible. Mais alors pourquoi les Bourbons? Il n'y avait qu'un homme qui sût et qui pût faire la guerre à l'Europe, et c'était Napoléon.

De quelque côté qu'on jette ses regards, on ne voit aucun port où ce régime eût été à l'abri d'attaques mortelles.

IV

Les Bourbons étaient tombés parce qu'ils n'étaient pas nationaux, pensait le peuple, parce qu'il n'étaient pas suffisamment libéraux, disait la bourgeoisie. Quoi qu'il en soit, celle-ci, en renversant la Restauration, crut avoir assez fait pour la cause nationale, et pendant dix-huit ans parut en ignorer l'existence et les besoins. C'est à peine si l'histoire a conservé le souvenir d'une protestation, bientôt oubliée, d'un citoyen, obscur alors, mais pénétré d'un sentiment vrai de la situation. « Sire, avait-il dit au roi dans une circonstance solennelle, cette révolution est nationale, et non libérale ; elle date de 1815. Il nous eût été plus facile de mener le peuple à Bruxelles qu'à Saint-Cloud, et vos fils ne seront légitimes que lorsque vous les aurez baptisés dans les eaux du Rhin. » Le roi recula de quelques pas, comme pour marquer l'effroi que lui causait une telle manière de voir, et on n'en reparla plus.

Désormais livré sans contrepoids à l'action exclusive de la classe moyenne, ce gouvernement roulait sur la pente glissante des concessions libérales. Ne pouvant s'appuyer sur le peuple, dont les sympathies se refusaient à qui n'avait pas voulu le venger de 1815, il était naturel qu'il accordât beaucoup aux libéraux ses fondateurs et ses soutiens ; mais si le devoir d'un gouvernement solidement établi est de s'appuyer sur chacun des partis qu'il a mission de contenir l'un par l'autre, le propre d'un parti est de pousser son principe jusqu'à l'extrême. Le pouvoir, en ne faisant appel qu'à l'un d'eux, courait donc de véritables dangers. Et cependant quel roi fut plus humain, plus libéral, plus sage que le roi Louis-Philippe? et, s'il était possible, par un grand développement de la richesse publique, de faire oublier à tout un peuple le malaise secret qu'il ressent, sans pouvoir le nommer, n'y eut-on pas réussi en couvrant le territoire de routes, de canaux, de chemins de fer, en donnant à toutes les branches de l'industrie humaine une activité jusque là inconnue parmi nous? C'était un gouvernement plein de scrupules pour les libertés publiques, rempli de cette compassion active et éclairée qui sait deviner l'infortune et lui venir en aide; et il n'en est peut-être pas qui, pendant sa vie, ait été plus inquiété, tracassé, calomnié, et, au jour du danger, plus mal défendu. C'est qu'en effet il ne suffit pas de rendre son peuple riche et matériellement heureux,

pour avoir le droit de compter sur sa sympathie. De même que deux hommes ne
sont sûrs de leur amitié que lorsqu'ils l'ont
mise à l'épreuve du malheur; de même,
entre un peuple et une dynastie, la raison
du dévouement est d'avoir combattu et
souffert ensemble pour la même cause.

Le gouvernement de juillet eut à lutter
contre des difficultés sérieuses (quel gouvernement n'en rencontre pas sur sa
route?), et il tomba tout à coup au milieu
d'une grande prospérité, et à l'étonnement
général. A lui aussi la base avait manqué.

Ce serait aller trop loin de dire que
ces mêmes hommes qui avaient renversé
la Restauration comme illibérale, renver-
sèrent cette dynastie pour la même cause;
il est certain cependant que le prétexte fut
le même, et que, s'ils n'aidèrent pas à la
chute, au moins ils ne firent rien pour
l'empêcher. Voilà donc la bourgeoisie
libérale arrivée de chute en chute jusqu'à
la République, et se débattant avec énergie, avec courage, avec intelligence, con-

tre les dernières et terribles conséquences
d'un principe qu'elle avait poussé jusqu'à
l'extrême. Mais la Providence veillait
sur nous ; il restait dans le monde un
descendant de ce guerrier illustre que le
monde avait admiré, dont le peuple ché-
rissait le souvenir : la France devina en
lui un sauveur, et se jeta dans ses bras.

V

Et maintenant, si on prête une oreille attentive aux objections que quelques personnes font encore à notre gouvernement, si on se préoccupe avec soin, comme tout pouvoir doit le faire, des tendances de l'opinion publique, soit pour les suivre, s'il les trouve équitables et éclairées, soit pour les combattre, s'il les trouve passionnées ou injustes ; on entendra, dans quelques salons de l'aristocratie bourgeoise, regretter avec chaleur les libertés qu'on a perdues. « Le coup d'État, dit-on, n'a eu qu'un but : délivrer le monde des souvenirs doulou-reux de 1848, et des germes de désordre qu'on avait semés à cette époque dans toutes les parties du corps social. Une lutte effroyable allait commencer ; d'un commun accord, on s'est jeté dans les bras de celui qui paraissait seul en état de prévenir cette lutte ; on a eu peur de l'orage, et on s'est réfugié sous le premier abri qui se présentait. C'est là le secret transparent de l'adhésion si chaude que le pays a montrée au nouvel Empereur. A tout prendre, ce gouvernement n'est qu'un expédient ; que le danger s'efface, que l'o-rage s'éloigne, et chacun va reprendre ses allures, sa manière habituelle de penser et d'agir. »

En tenant ce langage, n'est-il pas permis de penser que l'on confond, volontaire-ment peut-être, deux classes d'hommes qui, pour avoir nombre de besoins com-muns, ont cependant parfois des tendances politiques bien différentes : le paysan et le bourgeois? Le premier n'a pas tant d'esprit que le second ; il lit rarement, il sait peu de choses, et ne se passionne pour une cause que lorsqu'elle le touche directement. Entretenu dans le sentiment intérieur qui le domine, par le calme de ses travaux quotidiens, il n'en peut être distrait par les mille courants d'opinions qui agitent les populations urbaines; fidèle dans ses affections comme dans ses haines, il lègue les unes et les autres à ses descendants, et les charge de tirer dans l'avenir les conséquences d'un principe oublié ou méconnu pendant une longue suite d'années. L'homme des villes, plus instruit, plus à même de juger le fort et le faible d'une situation, se laisse impressionner par le cours des événements; vivant dans une atmosphère pleine de séve et d'activité intellectuelle, où toutes les idées, toutes les théories se donnent carrière, il lui est difficile de garder l'intégrité de ses croyances comme on la garde dans la profonde solitude des champs. Confondre ces deux classes d'hommes, leur attribuer des sentiments, des tendances politiques semblables, n'est ce pas s'exposer à mal juger la situation? et, lorsqu'on prétend que le gouvernement actuel violente les instincts libéraux de la nation, ne peut-on pas se demander de quelle nation on veut parler? Ce n'est pas de ces huit millions de paysans qui ne lisent jamais un journal, et qui ne connaissent pas même de nom les héros de la tribune. On veut donc parler de la bourgeoisie.

Assurément il ne peut coûter à personne de dire ses mérites ; à tout prendre, elle est l'âme de la société ; rien ne se fait de grand, d'utile, de durable que par elle. De tout temps elle a prodigué à la France son intelligence, son génie, son sang ; de tout temps elle a donné au pays des généraux illustres, des industriels habiles, des artistes fameux, des ministres capables. Dire que les besoins, les intérêts moraux de cette classe de la société doivent être pris en grande et sérieuse considération; dire que ses conseils doivent être avidement recueillis, ses lumières recherchées avec empressement, c'est répéter une fois de plus ce que tout le monde sait et ce que personne ne conteste. Mais en présence des exemples que nous ont laissés les trois derniers gouvernements, ne doit-on pas hésiter à suivre aujourd'hui une politique exclusivement libérale, à confier aux seules mains de la bourgeoisie les rênes du gouvernement nouveau, mettant en oubli cette instabilité extrême de goûts, d'opinions, de passions politiques dont elle a donné de si tristes et si fréquents exemples?

Est-il besoin de rappeler la longue carrière de ses variations politiques? Par une opposition intempestive, sinon coupable, elle paralyse la résistance qu'oppose l'Empereur à l'Europe coalisée. L'Europe triomphe, et elle applaudit à la rentrée du vieux roi légitime qui doit lui rendre le régime libéral, objet de ses vœux les plus chers; elle oublie bien vite cette politique si ardemment souhaitée, pour accepter de nouveau l'Empereur, qu'elle abandonne une seconde fois, sans souci de l'expérience qu'elle vient de faire, sans préoccupation de l'avenir, par impatience d'obtenir une paix pour laquelle elle oublie tout, jusqu'à l'honneur du drapeau, pour laquelle elle fait plus de sacrifices que n'en eût coûté la guerre la plus longue et la plus cruelle. Est-ce assez de légèreté et de contradictions? Va-t-elle enfin donner au monde le spectacle d'une nation qui se passionne pour une politique sérieuse et qui se promet de la défendre contre tous ses adversaires? Hélas! non. La Restauration va périr entre ses mains, comme avaient péri l'Empire; la première Restauration et le gouvernement des Cents-Jours, comme périra plus tard cette dynastie de Juillet, qui cependant l'avait prise uniquement pour guide de sa conduite, et qu'elle ne songea même pas à défendre au jour du malheur.

En se rendant compte, d'ailleurs, de la

manière dont cette classe moyenne se renouvelle et se forme, ne serait-il pas facile d'indiquer sommairement d'où viennent ces brusques écarts, cette facilité à l'enthousiasme et au découragement, cette impuissance à suivre pendant de longues années un principe unique? Dans notre société démocratique, sous l'influence égalitaire du Code qui passe incessamment son niveau sur toutes les grandes existences, la richesse ne séjourne pas longtemps dans une même famille; le père la partage entre ses enfants, et l'influence qu'elle amène avec elle se perd en se divisant; toutes les habitudes d'esprit, tous les sentiments qui naissent et se conservent sous la loi d'une même position sociale, sont exposés à varier, à s'anéantir quand cette position change ou disparaît.

Que ce fils d'un lord, qui se trouvera plus tard dans la situation où son père s'est trouvé, qui aura devant les yeux les mêmes obstacles et les mêmes encouragements, qui doit prendre sa place dans un milieu politique où des besoins communs, invariables, réunissent sous le même drapeau des hommes semblables à lui; que ce fils pense et agisse comme son père, dont il est pour ainsi dire la continuation matérielle et morale, rien de plus naturel, de plus inévitable même.

Mais les enfants de ce commerçant, de ce banquier, de cet avocat, de ce médecin qui a prospéré, ils ne retrouveront pas dans leur virilité la position qu'ils avaient dans leur jeunesse; riches d'abord, ils peuvent être pauvres ensuite, et si leur père est le descendant heureux d'un artisan qui a fait fortune, rien n'empêche que ses petits-fils ne retournent à l'échoppe de leur ancêtre.

Dans de pareilles conditions d'existence, est-il si étrange que la bourgeoisie ne possède pas complétement cet esprit de corps, cette fidélité aux mêmes principes, sans lesquels il est cependant difficile de gouverner? Et si cela est vrai, n'est-il pas naturel que l'on cherche à corriger ce défaut politique en jetant dans la barque où elle entraîne nos destinées le poids énorme des vœux populaires ; que l'on cherche à tempérer la mobilité de son esprit en lui donnant pour guide l'instinct national, dont la marche, parfois lente, est invariable et sûre ?

N'y a-t-il pas, d'ailleurs, dans cet ordre de choses, des espérances de sécurité et de paix que l'on chercherait vainement sous tout autre régime ? Pour devenir nationale, la Restauration aurait dû entreprendre la tâche impossible de se retourner contre l'Europe coalisée, et de lui déclarer la guerre ; le gouvernement de Juillet, sans en venir de suite à cette extrémité, devait, s'il voulait complaire à l'opinion, se montrer très jaloux de l'indépendance nationale, et affecter à l'égard de l'Europe d'autant plus de fierté qu'on lui en supposait moins. Aujourd'hui, on peut vivre en bonne intelligence avec tous ses voisins ; l'instinct public, satisfait par la seule élévation de Napoléon, ne désire aucun sacrifice de ce côté. Aux autres, on demandait de faire leurs preuves par la guerre : du gouvernement de l'Empereur la France accepte et demande la paix, parce qu'elle est convaincue que, si elle profite à sa richesse, elle ne coûte rien à son honneur.

Concluons. Au sein de ces grandes masses d'hommes qu'on appelle nations, dans ces couches profondes qui les constituent, vivent des sentiments, des instincts providentiels ; c'est comme une âme qui préside à la conservation et au développement de l'être collectif ; à ces profondeurs quand le nom d'un homme a pénétré, il devient la représentation vivace des grands intérêts moraux d'un pays, sa figure s'empreint d'une certaine religiosité ; cet homme et ceux qui portent son nom sont les chefs légitimes de la nation ; l'avenir leur appartient.

Telle est parmi nous la puissance du nom de Napoléon ; avec lui s'est reconstitué, comme par miracle, un principe d'autorité que les intelligences les plus diversement inspirées cherchaient vainement, et déclaraient impossible à trouver.

Napoléon III est assis sur une base qui défie les événements et les clameurs des partis; quand une administration régulière et puissante, impartiale et protectrice, intelligente de sa mission nouvelle, sera définitivement organisée, les classes bourgeoises viendront à lui; la loi fatale de leur destinée les y appelle; leur marche séculaire vers l'ordre, l'unité et l'égalité, un instant interrompue par la terrible perturbation de 1815, va reprendre son cours.

Une seule objection, exploitée par l'esprit de parti, les retient encore. Le gouvernement de l'Empereur, n'est-ce pas la dictature, n'est-ce pas le despotisme? faut-il abjurer les principes de 1789 placés en tête d'une constitution qui en répudie, dans ses moyens, les contrôles nécessaires et l'application réelle? La réponse est facile.

La constitution de 1852 renferme toutes les garanties des cahiers de 1789 : la propriété respectée ; la liberté individuelle et la liberté de penser et d'écrire, placées sous la sauvegarde des juges inamovibles ; le vote annuel de l'impôt ; la discussion publique de la loi ; le jury, les conseils généraux, les conseils municipaux, élus ; tout est là, à l'exception des clubs et de la presse quotidienne, ces choses nouvelles essayées avec tant de périls, si effrayantes aujourd'hui pour les souvenirs du citoyen comme pour la pensée du philosophe. Qui oserait dire que la liberté politique n'est qu'un vain mot si elle n'a pour garantie ces armes révolutionnaires, ces instruments de désordre et de lutte, pouvoir sans nom et tyrannique, hostile par sa nature à ce que tous les hommes doivent respecter, et qui déjà deux fois, par une explosion inévitable, a renversé la France et consterné l'Europe ? Personne, sans doute.

Que l'Empereur, assis sur sa base populaire, appuyé sur cette administration puissante et sage dont nous parlions tout à l'heure, attende les classes moyennes; elles ne manqueront pas au rendez-vous; leur passé répond de leur avenir.

FIN.